Le BAIN d'une PARISIENNE

Dépôts à BRUXELLES, AMSTERDAM et LONDRES

CINQUANTE CENTIMES

La Parisienne, gracieuse, engageante, dans un suggestif relevé de jupes, commence à préparer l'eau de son bain, qui bientôt caressera sa peau parfumée, enveloppera ses formes de ses doux attouchements attiédis.

Vite débarrassée de ses jupes gênantes, soyeuses, elle délace ses souliers, les désemprisonne de leur fermeture de cuir, et pense à la sensation exquise de plonger son corps dans une baignoire.

Elle se décorsète, enfin, heureuse de sentir libres ses jolis seins à la pointe émerillonnée et d'avoir le frisson délicat du devêtement de sa chemise légère.

GRÉGOIRE (98)

... qui cache encore la pâleur troublante de sa peau diaphane.

Un nouveau petit mouvement et sa nudité apparaîtra complète en la transparence de l'eau...

GREGOIRE 1981

O le délicieux farniente du bain, lorsque toute la chair environnée d'eau parfumée on songe aux ébats amoureux que prépare la tombée du soir...

Sortie du bain, se contemplant devant sa psyché, la Parisienne, resplendissante de beauté et de grâce, s'enouate dans un peignoir de laine...

Grégoire 1981

Et vite, la caméristé caresse d'un linge sec le velouté humide de sa peau laiteuse, appétissante, fleurant bon la senteur de la femme, de la mondaine...

Et, complètement habillée, elle réapparaît, nouvellement superbe, fleur du bitume parisien, telle que l'étranger l'adore, l'adule et la vante.

LIBRAIRIE PARISIENNE

10, Rue de Paradis, 10

PARIS.

DERNIÈRES NOUVEAUTÉS

La Danseuse « Polaire », carton à transformation mécanique	0 50
L'Art de se faire aimer de son Mari, brochure	0 10
La Suppression des Concierges à Paris, brochure	0 10
Amour charnel, roman de Louis Besse, illustré	0 30
Printemps galant, très joli album de 32 pages	0 50
Secrets magiques pour conquérir les femmes	0 50
Heures exquises, volume de nouvelles amusantes, illustré.	0 30
L'Avenir dévoilé par les grains de beauté, placard colorié	0 20
Les Amours de Casanova, roman illustré	0 30
Tableau des seules monnaies à recevoir	0 20
Pourquoi pas ? Recueil de chansons	0 50
Paris-Plaisirs. 2e fascicule, 12 primes, 64 pages	0 50

VOLUMES RÉALISTES

marqués **3** fr. **50**

Fille ou Femme, roman de mœurs, par Antonin Reschal, 4 lithographies et couverture coloriée de Jouard	2 »
Naïs Vivette, roman de mœurs, par René Dubreuil, 4 lithographies et couverture en couleurs de Gros	2 »
Cœur immolé, roman de mœurs, par Louis Latourrete, 4 lithographies de Grün, couverture en couleurs de Jack Abeillé	2 »
A Rebrousse-poil, par Paul Erio, avec dessins et couverture en couleurs de Bonnet, Mirande, Poulbot, etc	1 »

AVIS. — *La Librairie Parisienne envoie franco aux prix ci-dessus les ouvrages mentionnés. Envoyer un mandat-poste ou des timbres.*

Catalogue complet de librairie, surprises, articles amusants, farces, attrapes, etc., contre un timbre de 0 fr. 15. Ecrire **Librairie Parisienne,** *10, rue de Paradis, Paris.*

IMP. G. COLOMBIER, 4, RUE CASSETTE, PARIS

www.ingramcontent.com/pod-product-compliance
Lightning Source LLC
LaVergne TN
LVHW010017230826
846092LV00002B/869

* 9 7 8 2 0 1 6 1 5 7 1 4 5 *